寅壶美藏

墨山堂 编著

上海书画出版社

序

新加坡大藏家张美寅先生的藏壶集终于出版了，这让期待已久的藏界朋友深感欣慰。

说到紫砂壶、文人壶，自然要先说起中国的茶。中国是一个多山的国家，南至云贵高原连绵不绝的大山，东到沿海起伏不断的丘陵，树木葱茏，万物兴盛，茶就是大自然造福我们的不绝的神品。

据记载，神农尝百草其中包括茶，如此说来采茶、饮茶在中国已有几千年的历史。历经数百代，传承有绪，茶不仅是人之生活必需品，更是融入中华文化的血脉之源。放眼四海，大江南的绿茶、福建武夷的乌龙、云滇的乔木普洱……都已是中华文化的经典符号，下到百姓，上到帝王，无不以饮茶为赏心乐事。茶作为一种饮品，能解渴，解百毒，宜健康长寿。除此以外，还有药用价值，所以有一句话概括：茶行天地之精华，顺人生之根本。

在古代，"经"常用来指具有权威性、典范性的书籍或文献。而在我国盛唐时期的茶圣陆羽竟然写出了一本《茶经》，把饮食男女的茶，抬升到"经"的高度。一位茶圣，一本《茶经》，如同赞美杜甫为"诗圣"、王羲之为"书圣"一般，立刻把饮茶融入文化之中。这是令人反复体味而不得不服的事情。

据考证，全世界饮茶的国家和地区有一百多个，但把茗茶及其意境上升为神圣文化的，唯我中华。茶文化，包括茶道、茶精神、茶联、茶具、茶谱、茶诗、茶画、茶学、茶故事、茶艺等，博大精深。而茶具则是其中重要的一部分。陆羽在《茶经》中列说茶具二十四种，殊为讲究。

茶具还被写入诗文中，在西汉时王褒的辞赋中已有提及，而唐人更是屡入诗中。白居易《睡后茶兴忆杨同州》诗云"此处置绳床，傍边洗茶器"，已见当时饮茶的讲究。而北宋画家文同的诗句"唯携茶具赏出绝"，也描绘了茶具的妙用。

中国的茶具种类繁多，造型各异，除实用以外，更有玄妙的艺术价值，驰名中外。而其中，紫砂壶是最具特色、影响最广的一族。

紫砂以江苏宜兴的为最佳。宜兴古称"阳羡"，盛产极品红茶，又因当地出产的砂泥矿最为优质、细腻、色彩多元，如同景德镇瓷器依赖当地所产高岭土一般，独领风骚数百年。

宜兴紫砂壶传承数百年，以和泥、制壶、窑烧为三大环节，所出茶具在近千度高温之下，不含杂质，泡制茶叶终日不馊，是泡茶、饮茶的理想品具，为世间所公认。

明代，紫砂制作已极为讲究，对器具的设计已由单纯的实用走向形制的多元化，追求情趣和艺术。而此时出现了一代制壶高手时大彬，引领行业上了一个台阶。"时壶"在泥料中掺入砂，开创了调砂法制壶，又确立了至今仍为紫砂业沿袭的泥片和镶接的新技术，对后世影响极大。时大彬后结识明代画家陈继儒、王时敏，受他们喝茶方式的影响，开始做小壶，并以书法落款、署明制作年款，被推为壶艺正宗，有"宫中艳说大彬壶，海外竞求鸣远碟"的说词为证，时壶款式也有十余种之多。

但真正将紫砂壶由工匠壶推向文人壶，并形成一个高峰的是在清代乾隆时期。横空出世的陈曼生把诗书画与紫砂壶融为一体，使掌中器具有了乾坤气象。

在清以前，制壶人限于工匠，而从陈曼生起，渐渐走向了艺术。

陈曼生（1766—1822），名鸿寿，是乾嘉时代"西泠八家"之一，擅长诗、书、画、印。巧的是历史给了他创造的机遇：他被派驻宜兴担任县令，这是一个低级的官职，但却是清朝基层最重要的父母官。据史料记载，当地一代制壶名手杨彭年技艺高超，名冠一时，但欠缺文化。而陈曼生则擅长笔墨、精研书法绘画金石。陈、杨两人合作，给当时以及后世制壶拓展了一条新路。陈曼生把紫砂壶空间载体视作一方宣纸，在上面绘画、题诗，加以镌刻，将文人的才艺尽情地表现在每个紫砂壶上。于是一种新颖的文人壶由此开创。杨彭年有技艺，陈曼生有境界，这是千古绝佳的拍档。由此一种名为"曼生壶"的精品问世。陈曼生的高超，不仅在杨彭年的壶上发挥才艺，还以自己的独到眼光，绘出了十八种壶的造型，让杨依此制作，史称"曼生十八式"，流之于后世，影响深广。

曼生壶之后，郭频伽、朱坚、瞿应绍、梅调鼎等文人也加入其中，以紫砂壶为载体，极尽诗书画之才情，也为后人留下了不少精美绝伦的艺术品。

从此，书画家在紫砂壶上题诗作画成为常态，紫砂壶进入了文人壶的时代。这也是今朝张美寅先生所藏文人壶之前奏曲。

近代中国，上海成了一大商埠、金融中心，文人墨客也相聚于此，加上与宜兴相距不远，上海成了茶叶、紫砂壶的最大出口地，海派书画与宜兴紫砂壶的结合，也成了自然而然的事。前些年一把顾景舟所制、吴湖帆所绘、徐孝穆所刻的精品壶，在京城拍出数以千万元的高价，就是这种文人壶融合的典范。另一位被誉为壶痴的丹青大家唐云，也喜收藏

"曼生壶"，为推动壶艺创作做出了卓越的贡献。他将珍藏的八把"曼生壶"捐给艺术馆，成为茶界的佳话和物证。

改革开放，春风再起，中华文化以其绵久不绝的软实力再度风靡南洋，传入华人集聚的新加坡，掀起不小的波澜。南洋华人，祖上大多来自广东、福建一带，天气炎热，饮茶成为日常生活的组成部分。由此，书画热、茶文化热在20世纪八九十年代再度兴起。一批收藏家应运而生，成为中华盛世收藏的重要动力。笔者于90年代往来两地，是这一现象的见证人。当时新加坡河畔、乌节坊及后来的百利宫，画廊、工艺店集中，是大宗艺术品的重要集散地。

新加坡的收藏家有一大特点也是优点，就是注重收藏当时在世书画家、工艺师的精品力作。而大藏家张美寅先生无疑是其中参与收藏较早、成就较大的一位。

我与美寅先生有数面之交，加上阅读资料，始知他在产业之外，喜好收藏，尤以书画、邮票、紫砂壶最为心仪，时时关注，精心收集，成果相当丰硕。而收藏以外，又采集全套摄影设备，跋山涉水，辗转各地，拍摄风光景物，以情写景，与天地融为一体，成果斐然。

而美寅先生的收藏之中，又以紫砂一族着力甚多。他不奉行拿来主义、简单地拿钱买壶，而是亲自构思策划，投入组织创作之中。包括选择制壶人、壶的品名样式、请名家绘画题书刻制。前后数十年，洋洋大观，满目珍品，可把玩、品茗、珍藏，又传之于后世，意义不凡。

现在读者诸君欣赏到的这本壶集，包括张先生珍藏的百余把壶，制壶人为当代宜兴紫砂界的两位大师、一对情深伉俪。李昌鸿是中国工艺美术大师、中国陶瓷艺术大师、研究员级高级工艺美术师，曾任宜兴紫砂工艺厂总工艺美术师等职。从业五十余年，具有丰富的制壶经验、高端的艺术眼光和研究水准，由他设计、其夫人沈蘧华制作的"九头竹简茶具"于1984年获德国莱比锡国际博览会金质奖，其他作品多次荣获国际国内的金奖、银奖、一等奖；出版著作和作品集多部。沈蘧华为江苏省工艺美术大师、研究员级高级工艺美术师，1955年起师从顾景舟先生，并荣获全国三八红旗手等称号，作品屡获国际国内奖项，也是一位业界闻名的制壶高手。此画册中的作品，多由两位工艺大师所作，制作精良，款式多元。包括方壶、四方壶、春胜壶、环宝壶、秦权壶、瓠瓜壶、合欢提梁壶、合盘壶、扁壶、乳鼎壶、钟德壶、曼生提梁壶、橄榄壶、砖方壶、思源壶、一粒珠雍容壶、华贵壶、李氏井栏壶、方钟壶、雪华壶、高升帽壶、君德壶、竹节壶，以及九件孔雀茶具、五件卣方茶具等。此外，还有后起之秀李群所制壶一把。特别值得一提的是，李昌鸿于制壶之外，也擅丹青，由他绘画并题的壶也有多把收入书中，这在宜兴制壶界并不多见。

这批茶壶的名贵在于高手制作后又沿续古代文人壶的传统，与书画大家合作，携手精绘诗书画，相得益彰，融一体之精妙，熠熠生辉。

　　参与绘画的前辈大师有程十发、贺友直、亚明等人，他们都是画坛的一代大家，作品具有传承性和开创性。其中程十发书画"山海天地"于宋款大提梁壶上，由前辈名师高手沈觉初刻制。亚明绘"煮茶"于提梁壶上。贺友直先生手绘的书画壶计六把，主题包括"老虎灶""茶亦有道""寒夜客来茶当酒""阳羡茶香""功夫茶""画壶记事"。其中"老虎灶"一壶，精绘细描，勾勒上海旧时老虎灶泡茶的情景，最为难得。另有一把沈子丞画"意趣"、宋文治绘竹石、刘一闻所书的秤砣方壶，也值得一提。

　　当代大画家则以北京画院王明明院长最为入心，其所绘壶有30余把，题材广泛、艺术高妙，与壶通体契合，成为一代妙品。如"羲之戏鹅图""踏雪寻梅·竹篁寻幽""竹林七贤""南国胡姬花""陶潜闲居图""陆羽品茗图""秋塘清逸"等，方寸之间，尽显人物神情、山川雅趣，是王先生于宣纸以外的独特表达，堪称一绝。此外，还有海派画家谢春彦的作品。印象较深的有"水流云在""美实图""有余"等，也是别有趣味的佳作。

　　如此，这批藏壶可谓集紫砂、丹青、书法和刻印艺术为一体，名家汇集，佳作纷呈，为艺坛、也为藏界留下一批难得一见的珍品，是学习、欣赏紫砂艺术的精良教材。

　　时过境迁，藏主美寅先生已仙逝有年。今由张夫人继承先生的遗愿，聘请海上著名设计师陈楠女士操刀，由上海书画出版社整理出版。除收入图片以外，又精拓图案铭文，汇成一集。是书无疑将传之后学，嘉惠同道。如此好事，当以序赞之，并感谢张夫人对本人的信任。

祝君波

2023 年 10 月于上海

目录

李昌鸿制小僧帽壶（小升帽壶）

钤印：昌鸿搏砂（壶底）；李、昌鸿精心之作（盖内）；李（壶把）。

题识：我行我款，我款行我。岁在五十九时作（壶底）。

容积：250 ml

002 李昌鸿制高僧帽壶（高升帽壶）

钤印：昌鸿治陶（壶底）；李、昌鸿艺陶（盖内）；昌、鸿（壶把）。

题识：岁在五十九时作（壶底）。

容积：350 ml

003　李昌鸿制高僧帽壶（高升帽壶）

钤印：昌鸿治陶（壶底）；李、昌鸿艺陶（盖内）；昌、鸿（壶把）。

题识：我行我款，我款行我。岁在五十九时作（壶底）。

容积：270 ml

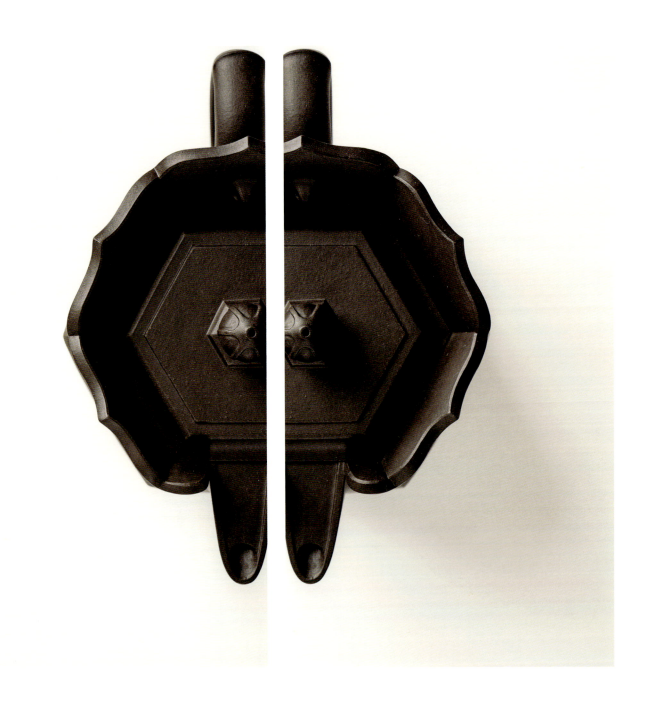

李昌鸿制砖方壶

谢春彦书画《有余》、李群刻

钤印：昌鸿治陶（壶底）；李、昌鸿艺陶（盖内）；昌、鸿（壶把）。

题识：有余。彦（壶身一）。

人皆求有余，必有善心，必有劳力，方可得之。丙子，阿彦书美寅高意。彦、艺林堂（壶身二）。

岁在六十时作，李群一鸣镌刻于丙子（壶底）。

容积：710 ml

005 李昌鸿制高八方壶

贺友直绘《寒夜客来茶当酒》、李群刻

钤印：昌鸿治陶（壶底）；李、昌鸿艺陶（盖内）；昌、鸿（壶把）。

题识：寒夜客来茶当酒。丙子年五月，友直。贺（壶身）。

容积：700 ml

李昌鸿制高八方壶（虚盖高八方壶）

贺友直绘《茶亦有道》、谢春彦题、李群刻

钤印：昌鸿治陶（壶底）；李、昌鸿艺陶（盖内）；昌、鸿（壶把）。

题识：茶亦有道。丙子年五月，浙东蛟川贺友直。友直、贺（壶身一）。

昌鸿先生妙制高八方壶，友直吾师妙绘，真双璧也。丙子，阿彦志。彦（壶身二）。

岁在六十时作，李群镌刻于丙子（壶底）。

容积：720 ml

007　李昌鸿制方钟壶

李昌鸿书画《学士图》

钤印：昌鸿治陶（壶底）；李、昌鸿艺陶（盖内）；昌、鸿（壶把）。

题识：海无波涛，海瑞之功不浅；林有梁栋，林润之泽居多。昌鸿制陶并书画，时在丙子夏月。李（壶身）。

岁在六十时作（壶底）。

容积：600 ml

海無淡濤海瑞之
功不淺林召梁棟林
澗之澤居多

呂鴻制陶並書宜
晦右丙子夏月

李昌鸿制高八方壶

李昌鸿书画《浣纱女》

钤印：昌鸿搏砂（壶底）；李、昌鸿精心之作（盖内）；李（壶把）。

题识：浣纱女。画于丙子。李（壶身一）。

越女浣纱秋水岸，窄袖轻罗随风便。人貌与花相斗艳，蝶舞慢，西湖照影看妆面。调寄《渔家傲·题浣纱女》。

昌鸿制壶、书画、作词，时在丙子小除夕（壶身二）。

我行我款，我款行我。岁在六十时作（壶底）。

容积：700 ml

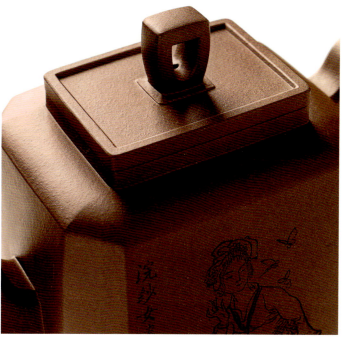

李昌鸿书画《牧牛图》

钤印：昌鸿治陶（壶底）；李、昌鸿艺陶（盖内）；昌、鸿（壶把）。

题识：丙子，李（壶身一）。

落日松风起，还家草露晞。云光侵履迹，山翠拂人衣。唐储光义《江南曲》。昌鸿书于丙子初春（壶身二）。

岁在六十时作（壶底）。

容积：610 ml

流日松風思還家
卅露晞雲光侵履
远山翠干拂人衣

唐 储光義 江南曲
昌鴻 拓お 丙子初春

010 李昌鸿制砖方壶

李昌鸿书画《紫气东来》

钤印：昌鸿治陶（壶底）；李、昌鸿艺陶（盖内）；昌、鸿（壶把）。

题识：紫气东来。于丙子。李（壶身一）。

紫气东来。此谓太上老君造福送福之吉语。昌鸿书画于自制之壶，时在丙子（壶身二）。

继承传统，发扬传统，岁在六十时作（壶底）。

容积：720 ml

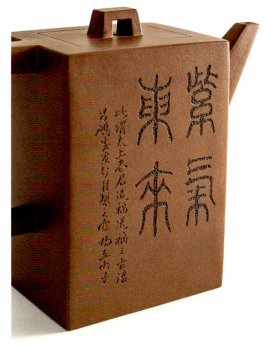

011　李昌鸿制方升壶（斗方壶）

王明明绘《羲之嬉鹅图》、李昌鸿跋、李群刻

钤印：昌鸿搏砂（壶底）；李、昌鸿精心之作（盖内）；李（壶把）。

题识：羲之嬉鹅图。明（壶身一）。

丁丑，明明画。王（壶身二）。

美寅先生立意造曼生式，吾借大澂憲斋玉麟制升方，曼生铭彭年制夏斗之优铸就吾款升方壶。京华明明师赐墨宝，

通卷构图《羲之嬉鹅》妙趣横生。昌鸿跋，一鸣刻，时在丁丑（壶底）。

容积：340 ml

012　李昌鸿制方升壶（斗方壶）

王明明绘《有余》、李昌鸿跋、李群刻

钤印：昌鸿搏砂（壶底）；李、昌鸿精心之作（盖内）；李（壶把）。

题识：有余。明明。王（壶身）。

美寅先生立意造曼生式，吾与京华明明师合璧方升壶，壶饰《有余》，手法新颖，告慰曼翁。

昌鸿跋，一鸣刻，时在丁丑（壶底）。

容积：330 ml

李昌鸿制矮四方壶（扁方壶）

王明明书画《品茶图》、李昌鸿跋、李群刻

钤印：昌鸿搏砂（壶底）；李、昌鸿精心之作（盖内）；李（壶把）。

题识：丁丑，明明画。王（壶身一）。

与君坐对成今古，尝尽冰泉旧井茶。丁丑，明明（壶身二）。

揣摹曼生方壶，吾创矮方壶和之。与京华明明师书画合璧，美寅先生珍藏。昌鸿跋于丁丑，一鸣刻（壶底）。

容积：250 ml

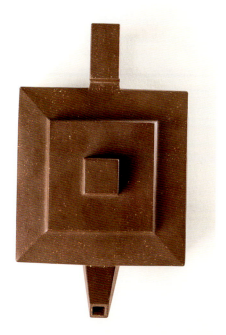

014　李昌鸿制方钟壶

王明明绘《丽日图》、李昌鸿跋、李群刻

钤印：昌鸿搏砂（壶底）；李、昌鸿精心之作（盖内）；李（壶把）。

题识：丽日。丁丑夏，明明于京华。王（壶身）。

美寅先生邀吾、京华明明师合璧曼生式，今玉成方钟壶，饰《丽日图》，如愿以偿。

昌鸿跋，一鸣刻于丁丑荷月（壶底）。

容积：620 ml

015 李昌鸿制汉方壶

王明明绘《竹林七贤》、李昌鸿跋、李群刻

钤印：昌鸿搏砂（壶底）；李、昌鸿精心之作（盖内）；李（壶把）。

题识：竹林七贤。丁丑年，明明画。王（壶身）。

美寅先生酷爱曼生式壶，吾搏埴汉方壶，京华明明师绘《竹林七贤》饰壶，锦上添花矣。

昌鸿跋，一鸣镌刻，时在丁丑初秋（壶底）。

容积：1200 ml

016 李昌鸿制方壶

王明明绘《南国胡姬花》、李昌鸿跋、李群刻

钤印：艺林堂、昌鸿搏砂（壶底）；李、昌鸿精心之作（盖内）；李（壶把）。

题识：南国胡姬花。明明。王（壶身）。

艺林堂美寅先生再造曼生式，吾与京华明明师合璧方壶，妍与朴致。昌鸿跋，一鸣刻于丁丑（壶底）。

容积：400 ml

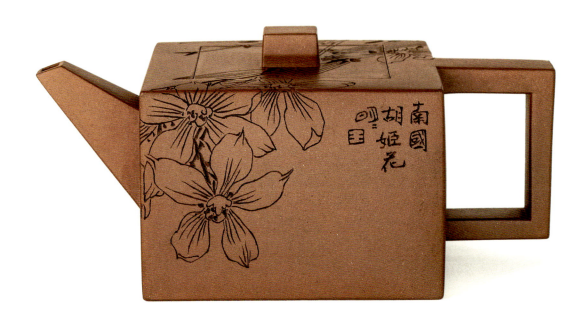

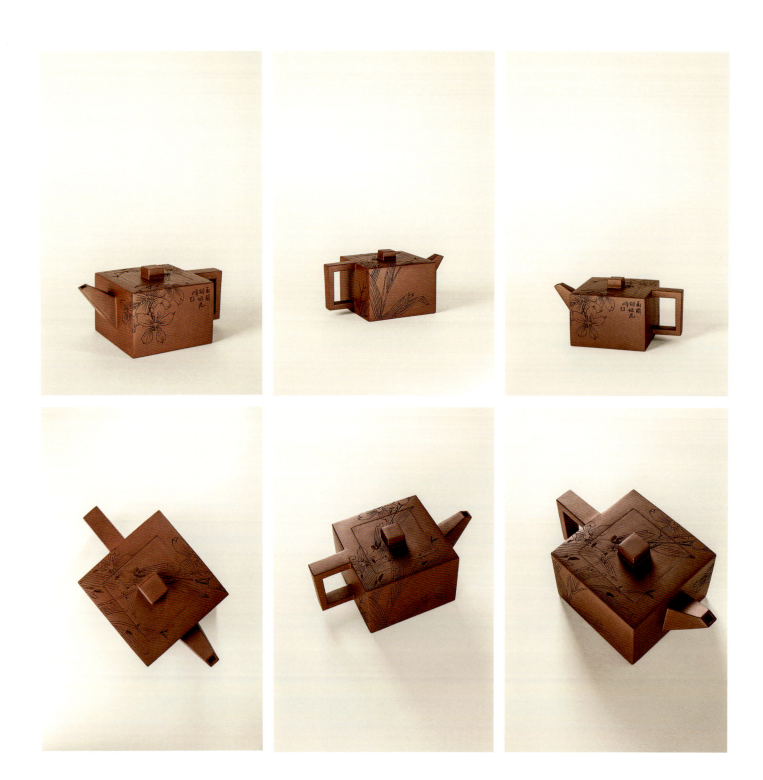

017 李昌鸿制方壶

王明明绘《水中仙子》、李昌鸿跋、李群刻

钤印：昌鸿搏砂（壶底）；李、昌鸿精心之作（盖内）；李（壶把）。

题识：淡墨轻和雨露香，水中仙子素衣裳。丁丑夏，明明画。王（壶身）。

吾借彭年制曼生铭云幅方壶、津艺博藏曼生款方壶之长，铸就吾式。京华明明师赐墨宝合璧。

昌鸿跋，一鸣镌刻（壶底）。

容积：375 ml

谢春彦书画《美实图》、李昌鸿跋、李群刻

钤印：艺林堂、昌鸿搏砂（壶底）；美寅、昌鸿精心之作（盖内）；李（壶把）。

题识：美实图。阿彦。彦（壶身一）。

艺林。阿彦。彦（壶身二）。

狮城美寅先生酷爱华夏文化，紫砂陶艺术心智清明，选曼生石瓢为艺林佳礼，并请沪上画家春彦老师题书作画，以真善美之豁朗追求弘扬紫砂艺，深感敬佩。今吾捏筑石瓢一柄，铭记此事，以资存念。

昌鸿撰，记于丁丑，一鸣镌（壶底）。

容积：380 ml

　李昌鸿制君德方壶

李昌鸿书画《钟进士抚剑图》

钤印：昌鸿·牛肖形、昌鸿治陶（壶底）；李、昌鸿陶艺（盖内）；李（壶把）。

题识：钟进士抚剑图。画于丁丑。李（壶身一）。

见我手中宝剑特新磨，斫妖魅、去邪魔、扶正气、永昌浩。昌鸿制陶，并作词书画于龚筑庐，时在丁丑年（壶身二）。

容积：720 ml

020 李昌鸿制矮方壶

李昌鸿跋、李群刻

钤印：昌鸿搏砂（壶底）；李、昌鸿精心之作（盖内）；李（壶把）。

题识：受曼生方壶启发，创制矮方壶新作，以得珠联璧合之趣。昌鸿跋，时年六十又一，丁丑（壶底）。

容积：250 ml

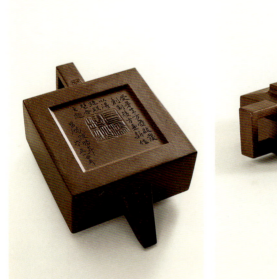

021　李昌鸿制四方壶

李昌鸿跋、李群刻

钤印：昌鸿搏砂（壶底）；李、昌鸿精心之作（盖内）；李（壶把）。

题识：吾借曼生铭彭年制云蝠方壶、天津艺术博物馆藏曼生款方壶，取所长铸就李家方壶。昌鸿跋于丁丑（壶底）。

容积：380 ml

各借曼生銘歜年
制雲蝠方壼天津
疏求款方
博物曼生
館藏壼取
而長鑄就事家方
見鴻跋辛十五

李昌鸿制升方壶

李昌鸿跋、李群刻

钤印：昌鸿搏砂（壶底）；李、昌鸿精心之作（盖内）；李（壶把）。

题识：吾借吴大澂愙斋玉麟制升方壶、曼生款彭年制复斗壶铸就我李家升方壶。昌鸿跋，时在丁丑春（壶底）。

容积：325 ml

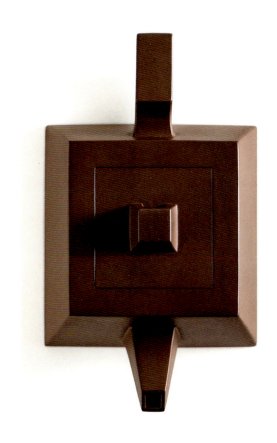

吾借吳大澂窓龕鼎玉
麟廎製升方壺乮生歀
彭年制復
斗壹
鑄就残李裳升方壺
昌鴻跋 陷五
丁丑春

023

李昌鸿制扁长方壶

李昌鸿书画《宗元慕与之文》

钤印：昌鸿·牛肖形、昌鸿搏砂（壶底）；李、昌鸿精心之作（盖内）；李（壶把）。

题识：宗元慕与之文。昌鸿书画于戊寅。李（壶身）。

我款行我，我行我款。岁在六十一时作（壶底）。

容积：410 ml

　李昌鸿制履源方壶

李昌鸿书画《鲁智深》

钤印：昌鸿·牛肖形、昌鸿搏砂（壶底）；李、昌鸿精心之作（盖内）；李（壶把）。

题识：剃度莲台，皂直缀背；禅杖横肩，芒鞋随缘。水浒英雄鲁智深造像。昌鸿制陶并赋书画，时在戊寅于龚筑庐。李。李（壶身）。

我款行我，我行我款。岁在六十一时作（壶底）。

容积：700 ml

025 李昌鸿制四方合斗壶

王明明书画《柿柿如玉·榴开百子》、李昌鸿跋、李群刻

钤印：昌鸿·牛肖形、昌鸿搏砂（壶底）；李、昌鸿精心之作（盖内）；李（壶把）。

题识：柿柿如玉。榴开百子。明明。王（壶身）。

台湾藏家藏曼生四方合斗，承取形神，吾埏埴之。昌鸿于己卯，一鸣刻（壶底）。

容积：500 ml

　　李昌鸿制四方合斗壶

王明明书画《连年有余》、李昌鸿跋、李群刻

钤印：昌鸿·牛肖形、昌鸿搏砂（壶底）；李、昌鸿精心之作（盖内）；李（壶把）。

题识：连年有余。明。王（壶身）。台湾藏家藏曼生四方合斗，承取形神埏埴之，昌鸿于己卯。一鸣刻（壶底）。

容积：440 ml

李昌鸿制长方式壶

王明明绘《荷塘图》、李昌鸿跋、李群刻

钤印：昌鸿·牛肖形、昌鸿搏砂（壶底）；李、昌鸿精心之作（盖内）；李（壶把）。

题识：明明（壶身）。

平壶留小啜，余味待回甘。曼生铭长方式壶，吾取形神埏埴之。昌鸿记于己卯，一鸣刻（壶底）。

容积：440 ml

李昌鸿制汲直壶

王明明绘《竹林七贤》、李昌鸿跋、李群刻

钤印：昌鸿治陶（壶底）；李、昌鸿陶艺（盖内）；李（壶把）。

题识：竹林七贤。明明画。王（壶身）。

《阳羡砂壶图考》、龚氏《陶冶性灵》手稿载曼生汲直，苏州博物馆藏方拙汲直，吾今摹之。

昌鸿跋，一鸣刻于己卯（壶底）。

容积：800 ml

029 李昌鸿制春胜壶

王明明绘《水族图》、李昌鸿跋、李群刻

钤印：昌鸿·牛肖形、昌鸿搏砂（壶底）；李、昌鸿精心之作（盖内）；李（壶把）。

题识：明明画。王（壶身）。

《前尘梦影录》《阳羡砂壶图考》《陶冶性灵》刊曼生春胜款，吾今摹之。明明师赐画，昌鸿记，一鸣刻，

时在己卯（壶底）。

容积：310 ml

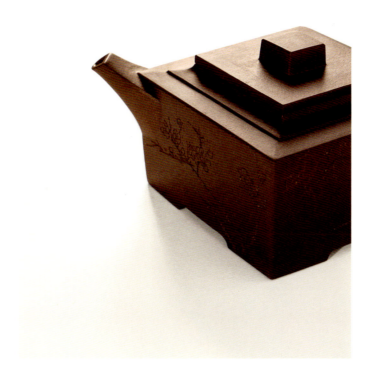

030　李昌鸿制春胜壶

王明明绘《四君子图》、李昌鸿跋、李群刻

钤印：昌鸿·牛肖形、昌鸿搏砂（壶底）；李、昌鸿精心之作（盖内）；李（壶把）。

题识：明明。王（壶身）。

《前尘梦影录》《阳羡砂壶图考》《陶冶性灵》都刊有曼生春胜式，吾今埏埴之。京华明明师赐墨，谓锦上添花。昌鸿
记于己卯，一鸣刻（壶底）。

容积：310 ml

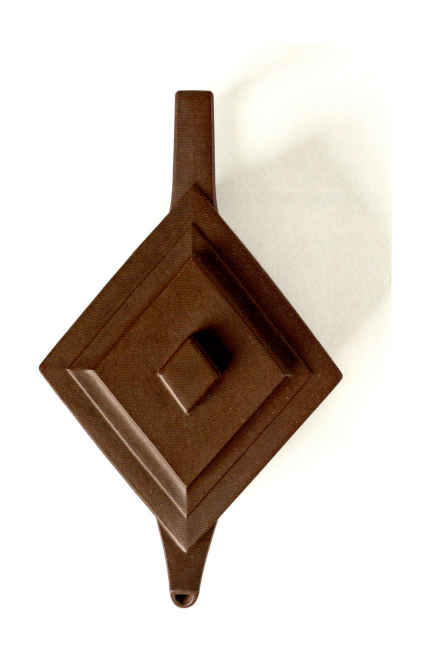

031　　李昌鸿制平面长方壶（长方式壶）

李昌鸿跋、李群刻

钤印：昌鸿・牛肖形、昌鸿搏砂（壶底）；李、昌鸿精心之作（盖内）；李（壶把）。

题识：平壶留小啜，余味待回甘。曼生铭长方式壶，吾取形神埏埴之。昌鸿记于己卯，一鸣刻（壶底）。

容积：450 ml

032 李昌鸿制汲直壶

李昌鸿跋、李群刻

钤印：昌鸿治陶（壶底）；李、昌鸿陶艺（盖内）；李（壶把）。

题识：《阳羡砂壶图考》、龚氏《陶冶性灵》手稿载曼生汲直款，苏州博物馆藏方拙制此款，吾今摹之。昌鸿跋，一鸣刻于己卯（壶底）。

容积：800 ml

　　李昌鸿制斛形大壶

贺友直书画《画壶记事》、李昌鸿跋、李群刻

钤印：昌鸿·牛肖形、昌鸿搏砂（壶底）；李、昌鸿精心之作（盖内）；李（壶把）。

题识：二〇〇〇年之三月，浙东蛟川贺友直画。贺、友直（壶身一）。

一九九一年夏，美寅先生邀沪浙书画家及友人相聚于其故乡泉州老家，余忝列其间，美寅先生嘱为藏壶作画，忆及当时最感新鲜之事，喝功夫茶乃平生初见。今以此作画，记其盛会，亦记其盛情也。友直画并记。贺（壶身二）。

南博藏阿曼陀室用霖斛形大壶，吾今摹之。友直大师赐墨宝，更得天趣。昌鸿跋，一鸣刻（壶底）。

容积：730 ml

人夢情□□□□
之華喝功夫茶乃平生初見為
以此作畫記其盛會示記其盛
情况
庚申書于記

　　李昌鸿制斛形大壶

贺友直书画《功夫茶》、李昌鸿跋、李群刻

钤印：昌鸿·牛肖形、昌鸿搏砂（壶底）；李、昌鸿精心之作（盖内）；李（壶把）。

题识：功夫茶。贺（壶身一）。

昌鸿大师制壶，美寅先生收藏，友直作画。庚辰二月于上海，贺友直（壶身二）。

南博藏阿曼陀室用霖斛形大壶，吾今摹之，友直大师赐墨宝，乃得天趣。昌鸿跋，一鸣刻（壶底）。

容积：750 ml

035　李昌鸿制五件卣方茶具

李昌鸿书白居易《山泉煎茶有怀》

钤印：昌鸿·牛肖形，昌鸿搏砂（壶底）；李、昌鸿精心之作（盖内）；李（壶把）；昌鸿精心之作、昌鸿·牛肖形（杯底）；李（杯把）；昌鸿搏砂（碟底）。

题识：坐酌冷冷水，看煎瑟瑟尘。无由持一盏，寄与爱茶人。昌鸿书于辛巳岁桃李月（壶身）。

我行我款，我款行我。岁在六十后作（壶底）。

坐酌冷冷水，看煎瑟瑟尘。无由持一盏，寄与爱茶人。昌鸿书于辛巳岁（杯身）。

容积：900 ml（壶）；120 ml×2（杯）

李昌鸿制八方怀古壶

李昌鸿书苏轼《念奴娇·赤壁怀古》

钤印：昌鸿·牛肖形、昌鸿搏砂（壶底）；李、昌鸿精心之作（盖内）；李（壶把）。

题识：东坡先生大江东去词。大江东去，浪淘尽，千古风流人物。故垒西边，人道是，三国周郎赤壁。乱石穿空，惊涛拍岸，卷起千堆雪。江山如画，一时多少豪杰。摇（遥）想公瑾当年，小乔初嫁了，雄姿英发。羽扇纶巾，谈笑间，樯橹灰飞烟灭。故国神游，多情应笑我，早生华发。人生如梦，一尊还酹江月。昌鸿书于壬午白露（壶身）。

容积：800 ml

037 李昌鸿制君德方壶小品

李昌鸿书壶铭

钤印：昌鸿小品（壶底）；昌、鸿（盖内）；昌记（壶把）。
题识：灵峰对海，雄港连云。昌鸿书于壬午秋月（壶身）。
容积：160 ml

李昌鸿书壶铭

钤印：昌鸿·牛肖形、昌鸿搏砂（壶底）；李、昌鸿精心之作（盖内）；李（壶把）；昌鸿精心之作、昌鸿·牛肖形（杯底）；昌鸿搏砂（碟底）。

题识：有道河山九万里，常思华夏五千年。昌鸿书，时在壬午白露后两天（壶身）。

有道河山九万里，常思华夏五千年。昌鸿书于壬午（杯身）。

容积：920 ml（壶）；160 ml×2（杯）。

　李昌鸿制特奎四方壶

铃印：昌鸿·牛肖形、昌鸿搏砂（壶底）；李、昌鸿精心之作（盖内）；李（壶把）。

题识：我行我款，我款行我。岁在癸未年作（壶底）。

容积：650 ml

040 李昌鸿制四方合斗壶

杨佐渝绘《连年有余》、李昌鸿书"日进斗金、连年有余"

钤印：昌鸿·牛肖形、昌鸿搏砂（壶底）；李、昌鸿精心之作（盖内）；李（壶把）。

题识：建侯长子杨佐渝画。杨（壶身一）。

日进斗金，连年有余。昌鸿书于癸未（壶身二）。

容积：410 ml

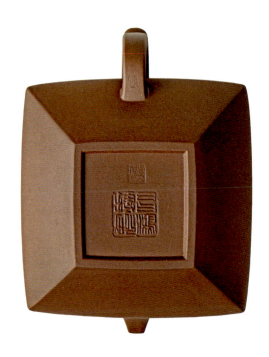

041 李昌鸿制青玉四方壶

李昌鸿书甲骨文七言诗

钤印：昌鸿·牛肖形、昌鸿搏砂（壶底）；李、昌鸿精心之作（盖内）；李（壶把）。

题识：更新日月喜春遍，霖雨东风绿大千。百姓高声呼万岁，年丰人寿乐尧天。集殷墟甲骨书七律一首，昌鸿于甲申。释文：更新日月喜春遍，霖雨东风绿大千。百姓高声呼万岁，年丰人寿乐尧天（壶身）。

我行我款，我款行我。岁在甲申年作（壶底）。

容积：800 ml

钤印：昌鸿·牛肖形、昌鸿搏砂（壶底）；李、昌鸿精心之作（盖内）；李（壶把）。

题识：询承师款，以怀师训。岁在甲申年作（壶底）。

容积：450 ml

　李昌鸿制井栏壶（李氏井栏壶）

李昌鸿书画《凌风多喜》

钤印：昌鸿治陶（壶底）；李、昌鸿陶艺（盖内）；李（壶把）。

题识：凌风多喜。昌鸿于甲申（壶身一）。

惟有春风偏称意，惯催石上扫春雨。昌鸿书画于甲申（壶身二）。

容积：680 ml

044 李昌鸿制汉方壶

李昌鸿跋、李群刻

钤印：昌鸿搏砂（壶底）；李、昌鸿精心之作（盖内）；李（壶把）。

题识：曼生式有汉方壶款，吾集香港茶具文物馆、香港中文大学文物馆、上博和王一羽先生藏品各优，铸就吾之汉方壶。昌鸿跋，一鸣镌刻（壶底）。

容积：1200 ml

045 李昌鸿制高虚扁壶

钤印：昌鸿小品（壶底）；昌、鸿（盖内）；昌记（壶把）。

容积：200 ml

李昌鸿制虚盖石瓢小品

钤印：昌鸿小品（壶底）；昌、鸿（盖内）；昌记（壶把）。

容积：225 ml

钤印：昌鸿小品（壶底）；昌、鸿（盖内）；昌记（壶把）。

容积：225 ml

李昌鸿制六方式壶

李昌鸿跋、李群刻

钤印：昌鸿·牛肖形、昌鸿搏砂（壶底）；昌鸿精心之作、李（盖内）；李（壶把）。

题识：《宜兴陶艺》一书载有曼生六方式，吾今摹改成井样式，嘴鋬按接在角上，追加天趣。

昌鸿跋，一鸣刻（壶底）。

容积：660 ml

　李昌鸿制六方式壶

王明明绘《踏雪寻梅·竹篁寻幽》李昌鸿跋、李群刻

钤印：昌鸿·牛肖形、昌鸿搏砂（壶底）；李、昌鸿精心之作（盖内）；李（壶把）。

题识：竹篁寻幽；踏雪寻梅。明明画（壶身）。

《宜兴陶艺》一书载有曼生六方式，吾摹改成井样，又咀鋬按接在角上，追加天趣。昌鸿跋，一鸣刻（壶底）。

容积：650 ml

049　李昌鸿制李氏小石瓢

李昌鸿书画《秋韵·郑板桥七言谷雨诗》

钤印：昌鸿小品（壶底）；昌，鸿（盖内）；昌记（壶把）

题识：秋韵。李（壶身一）。

最爱晚凉佳客至，一壶新茗泡松萝。昌鸿书画于甲申（壶身二）。

容积：230 ml

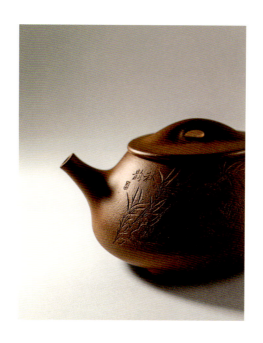

050　李昌鸿制秤砣方壶（秤陀方壶）

沈子丞绘《童趣》、宋文治绘《竹石》、刘一闻跋、齐洪建刻

钤印：昌鸿制陶（壶底）；昌鸿陶艺（盖内）；昌鸿（壶把）。

题识：子丞画，时年九十。沈（壶身一）。

文治。宋（壶身二）。

汉方。此汉方为李昌鸿手制，沈子丞、宋文治侧以图之。三公名隆当今，陈杨再世，或不敢专美其前也哉。

齐洪建刻，刘一闻书（壶身三）。

容积：530 ml

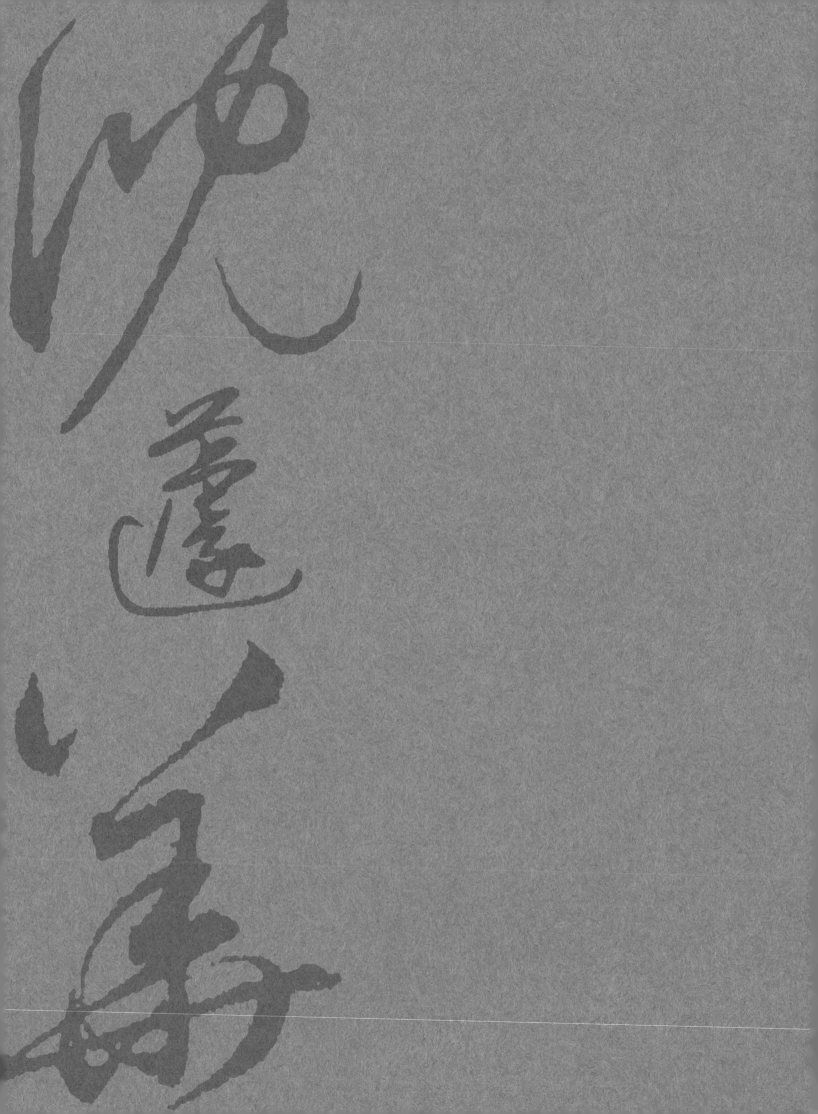

001 沈蘧华制半月壶（扁月壶）

谢春彦书画《水流云在》、李昌鸿跋、李群刻

钤印：蘧华制陶（壶底）；蘧华（盖内）；华（壶把）。

题识：丙子梅雨。彦（壶身一）。

水流云在。丙子，阿彦。彦（壶身二）。

上海著名画家谢春彦老师赐书画。昌鸿记事，一鸣刻于丙子（壶底）。

容积：350 ml

沈蘧华制一粒珠壶（圆珠壶）

贺友直绘《君子之交》、李群刻

钤印：蘧华匋艺（壶底）；蘧华（盖内）；蘧（壶把）。

题识：君子之交。丙子五月，蛟川人友直画。贺（壶身）。

李群号一鸣，镌刻字画（壶底）。

容积：630 ml

沈蘧华制井栏壶

贺友直书画《知音图》、李群刻

钤印：蘧华制陶（壶底）；曼晞传人（壶内）；蘧华（盖内）；蘧（壶把）。

题识：知音图。知我者美寅也，图此奉之，一九九六年七月，友直。友直、贺（壶身一）。

贺、友直（壶身二）。

美寅先生爱壶如宝，专程邀陪贺教授来宜合作，创传世之珍品。一鸣镌刻（壶底）。

容积：550 ml

004 沈蘧华制秦权壶

王明明绘《放翁寻梅》、李昌鸿跋、李群刻

钤印：蘧华制陶（壶底）；蘧华（盖内）；蘧（壶把）。

题识：放翁寻梅。明明。王（壶身）。

美寅先生邀吾与京华明明师合作再造曼生式，吾取南博曼生铭秦权款为摹本，咀嚼盖以如意纹饰添新意，供珍赏。

昌鸿跋于丁丑夏，一鸣镌刻（壶底）。

容积：730 ml

寿窗先生
邀吾興京華明晤師合
作再造舅生式吾取南博
生銘秦
款为擧
咀鍪盖
如意紋飾添新意供珍堂
昌鴻跂壬丁丑夏

169

005 沈蘧华制箸笠壶（玉笠壶）

王明明书画《看取莲花净》、李昌鸿跋、李群刻

钤印：蘧华匋艺（壶底）；蘧（盖内）；蘧（壶把）。

题识：看取莲花净，方知不染心。丁丑年，明明于潜心斋（壶身）。

美寅先生意造曼生式，吾与京华明明师合作，蘧华搏埴，明师赐荷，玉笠壶告成。昌鸿跋，一鸣镌刻，时在丁丑夏（壶底）。

容积：270 ml

006 沈蘧华制匏瓜壶

王明明绘《陆羽品茗图》、李昌鸿跋、李群刻

钤印：蘧华制陶（壶底）；曼晞传人（壶内）；蘧华（盖内）；蘧（壶把）。

题识：陆羽品茗图。丁丑夏，明明于潜心斋。王、明明（壶身）。

美寅先生邀吾与京华明明师合作再造曼生式，吾以唐云先生藏曼生铭瓠瓜为摹本，足取鼎立，稳健泰然。饰羽品茶，自有天趣。昌鸿跋，一鸣刻，丁丑（壶底）。

容积：500 ml

007 沈蘧华制瓢提壶（瓜型提梁壶）

王明明书画《连年有余》、李昌鸿跋、李群刻

钤印：蘧华匋艺（壶底）；蘧华（盖内）；蘧（壶把）。

题识：连年有余。明明。王（壶盖）。

吾设瓢提款，蘧华搏埴，京华明明师赐《连年有余》，和美寅先生珍陶。昌鸿跋，一鸣刻于丁丑（壶底）。

容积：640 ml

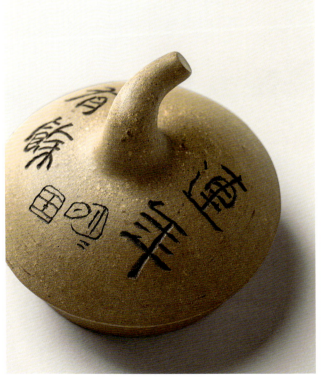

008 沈蘧华制如意秦权壶

李昌鸿跋、李群刻

钤印：蘧华制陶（壶底款）；蘧华（盖内）；蘧（壶把）。

题识：借南博藏曼生式秦权，咀把添饰如意纹，取名如意秦权。昌鸿跋于丁丑，一鸣刻（壶底）。

容积：800 ml

009　沈蘧华制匏瓜壶

李昌鸿跋

钤印：蘧华制陶（壶底）；曼晞传人（壶内）；蘧华（盖内）；蘧（壶把）。

题识：沪上画家唐云先生藏曼生铭匏瓜壶一件，今吾夫妇细心察之，捏筑一柄以资存念。昌鸿跋，时在丁丑（壶底）。

容积：510 ml

010 沈蘧华制万泉壶

李昌鸿书范仲淹《鸠坑茶》

钤印：蘧华制陶（壶底）；蘧华（盖内）；蘧（壶把）。

题识：潇洒桐庐郡，春山半是茶。轻雷何好事，惊起雨前芽。昌鸿录范仲淹《鸠坑茶》句于丁丑年（壶身）。

容积：550 ml

011 沈蘧华制玉笠壶

李昌鸿跋

钤印：蘧华匋艺（壶底）；蘧（盖内）；蘧（壶把）。

题识：吾集沪上唐云先生藏曼生式彭年制箬笠壶、北京故宫博院藏玉麟制玉笠壶之所长，铸就我李家款。蘧华制玉笠壶一柄，供茶友壶侣赏阅。李昌鸿撰记，时在丁丑春。李（壶底）。

容积：270 ml

012　沈蘧华制半月壶

李昌鸿书画《五牛图》

钤印：蘧华制陶（壶底）；曼晞传人（壶内）；蘧华（盖内）；华（壶把）。

题识：李（壶身一）。

品德可歌，功震河岳。昌鸿题于丁丑春（壶身二）。

容积：365 ml

013　沈蘧华制合欢提梁壶（合盘提梁壶）

李昌鸿跋、李群刻

钤印：蘧华制陶（壶底）；蘧华（盖内）；蘧（壶把）。

题识：素心素面，曼生合欢提梁亦有情趣。昌鸿记于丁丑，一鸣刻（壶底）。

容积：710 ml

014 沈蘧华制百寿百福狮象玉鼎

李昌鸿书《百寿百福》、李群刻

钤印：蘧华制陶（鼎底）；蘧华（盖内）。

题识：百寿字。右录羊欣百寿，昌鸿于丁丑（鼎身一）。百福字。右录顾氏百福，昌鸿于丁丑（鼎身二）。玉鼎重宝。鼎谓中华传国重器，百福百寿狮象玉鼎可谓吉祥如意，多福高寿，传家珍宝。昌鸿设计，蘧华制陶，李群铸刻，时在丁丑（鼎底）。

015

沈蘧华制乳瓯壶

亚明书画《行云》、李昌鸿跋、李群刻

钤印：蘧华制陶（壶底）；蘧华（盖内）；蘧（壶把）。

题识：行云。亚明作，时七十五（壶身一）。

亚明，戊寅（壶身二）。

南博藏伯祥曼公铭乳瓯式，今集成曼生式系列，亚老观后赞赏，并赐墨宝，更添风采。

昌鸿跋，一鸣刻于戊寅（壶底）。

容积：380 ml

沈蘧华制乳鼎壶（三脚小周盘）

王明明书真山民《三峰寺》、李昌鸿跋、李群刻

钤印：蘧华制陶（壶底）；蘧华（盖内）；蘧（壶把）。

题识：竹床纸帐清如水，一枕松风听煮茶。明明书。王（壶身）。

上博藏曼生乳鼎铭彭年制三脚小周盘，今蘧华挺埴，一气呵成。昌鸿记，一鸣刻于己卯（壶底）。

容积：230 ml

沈蘧华制合欢提梁壶

王明明绘《萱花图》、李昌鸿跋、一鸣镌刻

钤印：蘧华制陶（壶底）；蘧华（盖内）；华（壶把）。

题识：明明，王（壶身一）。

唐云先生藏杨彭年造合欢提梁，心源得自曼生式，今仿造之，承得曼生意趣。昌鸿记于己卯，一鸣刻（壶身二）。

容积：700 ml

沈蘧华制合欢壶

王明明绘《秋塘清逸》、李昌鸿跋、李群刻

钤印：蘧华匋艺（壶底）；蘧华（盖内）；蘧（壶把）。

题识：秋塘清逸。明明。王（壶身一）。

唐云先生藏曼生合欢，蘧华询承景舟恩师之法，一畅而就。昌鸿记于己卯，一鸣刻（壶身二）。

容积：430 ml

019 沈蘧华制扁壶

王明明绘《桃花源图》、李昌鸿跋、李群刻

钤印：蘧华制陶（底款）；蘧华（盖款）；华（把款）。

题识：桃花源图。己卯，明明。王（壶身一）。

沪上唐云先生家藏曼公铭扁壶，今蘧华徒手规仿制之。京华明明师作画，美寅藏家添曼生式壶款。昌鸿记，一鸣刻于己卯十一月廿四日（壶身二）。

容积：400 ml

渥上唐雲先生家藏

曼公銘扁壺令遯
萃徒禾規仿制
之烹萃班師作
畫美寅藏象漆

曼生式壺款
昌鴻記一鳴刻
大丁卯十月廿四日

020 沈蘧华制石铫提梁壶

李昌鸿跋、李群刻

钤印：蘧华制陶（壶底）；蘧华（盖内）；华（壶把）。

题识：唐云先生藏曼生式石铫提梁，吾今埏埴一畅，陶法自成天趣。昌鸿跋，一鸣刻于庚辰（壶底）。

容积：550 ml

沈蘧华制三脚小周盘

李昌鸿跋、李群刻

钤印：蘧华制陶（壶底）；蘧华（盖内）；蘧（壶把）。

题识：上博藏曼生乳鼎铭彭年制三脚小周盘，今蘧华徒手埏埴，一气呵成。昌鸿跋，一鸣刻，时在庚辰（壶底）。

容积：235 ml

022 沈蘧华制扁壶

李昌鸿跋、李群刻

钤印：蘧华制陶（壶底）；蘧华（盖内）；华（壶把）。

题识：沪上唐云先生藏曼公铭扁壶，今蘧华摹之，询承传统。昌鸿记，一鸣刻，时在庚辰（壶身）。

容积：400 ml

023　沈蘧华制仿古井栏壶

李昌鸿跋、李群刻

钤印：蘧华制陶（壶底）；蘧华（盖内）；华（壶把）。

题识：江苏南京博物院藏曼生式仿古井栏，今蘧华徒手摹制，见其神韵。昌鸿跋，一鸣刻，时在庚辰（壶底）。

容积：560 ml

江蘇南京博物院藏

遠雲峰半入太行舊坑

兒甲申春月為隴淮書

陶鴻潔製

沈蘧华制合盘壶

李昌鸿跋、李群刻

钤印：蘧华制陶（壶底）；蘧华（盖内）；华（壶把）

题识：唐云先生藏曼生式，景舟大师抚摹此款，今吾辈承之，以询师承。昌鸿记，一鸣刻，时在庚辰（壶身）。

容积：350 ml

李昌鸿跋、李群刻

钤印：蘧华制陶（壶底）；蘧华（盖内）；华（壶把）

题识：唐云先生藏曼生式，景舟大师抚摹此款，今吾辈承之，以询师承。昌鸿记，一鸣刻，时在庚辰（壶身）。

025 沈蘧华制半瓜壶

王明明绘《品茗图》、李昌鸿跋、李群刻

钤印：蘧华制陶（壶底）；蘧华（盖内）；蘧（壶把）。

题识：品茗图。明明。王（壶身）。

取南博藏曼生铭半瓜款及何心舟半瓜式铸就吾样。蘧华埏埴，精意所萃，京华明明赐墨，锦上添花。昌鸿记，一

鸣刻于庚辰（壶底）。

容积：450 ml

沈蘧华制紫砂盖杯

李昌鸿书薛能茶句

钤印：蘧华匋艺（杯底）；蘧华（盖内）；华（杯把）。

题识：衔芦齐劲实，啄木聚菁华。盐损添常戒，姜宜著更夸。昌鸿录薛能茶句于辛巳春月（杯身）。

容积：375 ml

027　沈蘧华制君贤壶

李昌鸿书郑板桥《竹枝词》

钤印：蘧华制陶（壶底）；蘧华（盖内）；蘧（壶把）。

题识：溢江江口是奴家，郎若闲时来吃茶。黄土筑墙茅盖屋，门前一树紫荆花。昌鸿于壬午（壶身）。

容积：410 ml

李昌鸿书郑板桥《竹枝词》

钤印：蘧华制陶（壶底）；蘧华（盖内）；蘧（壶把）。

题识：溢江江口是奴家，郎若闲时来吃茶。黄土筑墙茅盖屋，门前一树紫荆花。昌鸿于壬午（壶身）。

李昌鸿书七言诗

钤印：蘧华匋艺（壶底）；蘧（盖内）；华（壶把）。

题识：海天雨过片帆开，月影前飞导客回。先为寄声诸酒伴，归舟已载一尊来。昌鸿于壬午（壶身）。

容积：150 ml

沈蘧华制紫金杯壶

李昌鸿书画《清风翠微》、李群刻

钤印：蘧华制陶（壶底）；蘧华（盖内）；蘧（壶把）。

题识：昨自西湖烂醉归，漫山密筱乱牵衣。摇舟已下金沙港，回首清风在翠微。昌鸿书画于癸未（壶身）。

容积：550 ml

030 沈蘧华制云肩三足鼎壶

李昌鸿跋

钤印：蘧华匋艺（壶底）；蘧华（盖内）；蘧（壶把）。

题识：询承恩师景舟大师式，以怀师训。蘧华制于癸未，昌鸿识（壶底）。

容积：500 ml

031   沈蘧华制万泉壶

李昌鸿书郑板桥诗

钤印：蘧华制匋（壶底）；蘧、华（盖内）；蘧（壶把）。

题识：掀天揭地之文，震电惊雷之字。呵神骂鬼之谈，无古无今之画。板桥题竹石。昌鸿习书于甲申（壶身）。

容积：200 ml

032 沈蓮华制圆壶

钤印：蓮华制陶（壶底）；蓮华（盖内）；蓮（壶把）。
容积：450 ml

033 沈蘧华制万泉壶小品

钤印：蘧华制匋（壶底）；蘧、华（盖内）；蘧（壶把）。

容积：150 ml

034 　沈蘧华制狮舞壶

李昌鸿书"喜狮舞吉祥"

钤印: 蘧华制陶(壶底); 蘧华(盖内); 蘧(壶把)。

题识: 喜狮舞吉祥(壶把)。

容积: 700 ml

035 　沈蘧华制五头铜镜茶具

钤印：蘧华制陶（壶底）；蘧华（盖内）；蘧、华（壶把）；蘧华（杯底）；华（杯把款）；蘧华（碟底）。
容积：230 ml（壶）；100 ml×2（杯）

沈蘧华制钟德壶

王明明绘《鱼乐图》、李昌鸿跋、李群刻

钤印：蘧华制陶（壶底）；蘧华（盖内）；华（壶把）。

题识：鱼乐图。明（壶身）。

曼生款彭年制钟德，今摹之。京华明明师作画《鱼乐图》，更添情趣。昌鸿记，一鸣刻（壶底）。

容积：450 ml

037 沈蘧华制合盘壶

王明明绘《凌波仙子》、李昌鸿跋、李群刻

钤印：蘧华制陶（壶底）；蘧华（盖内）；华（壶把）。

题识：凌波仙子。明明（壶身）。

唐云先生藏曼生合盘，景舟恩师亦有此大作，询有师承，我辈继之。昌鸿记，一鸣刻（壶底）。

容积：330 ml

沈蘧华制石瓢壶

王明明绘《秋实图》、李昌鸿跋、李群刻

钤印：蘧华制陶（壶底）；蘧华（盖内）；蘧（壶把）。

题识：秋实。明明画。王（壶身）。

唐云先生藏彭年制子冶铭石瓢，形制高爽，截长咀古。稍把健弓形，足圆币式，具曼生之韵。

昌鸿记，一鸣刻（壶底）。

容积：360 ml

王明明书画《菊花》、李昌鸿跋、李群刻

钤印：蘧华匋艺（壶底）；蘧（盖内）；蘧（壶把）。

题识：不是花中偏爱菊，此花开尽更无花。明明画。王（壶身）。

美寅先生喜藏玉笠壶，吾集唐云先生藏曼生式彭年制箬笠壶、北京故宫藏玉麟制玉笠壶之所长，铸就李家款。蘧华
制玉笠壶，京华明明师题字、作画供雅赏。昌鸿跋，一鸣刻，丁丑（壶底）。

容积：260 ml

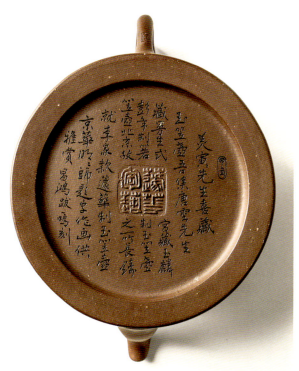

040 沈蘧华制石铫提梁壶

王明明书画《柿柿如玉》、李昌鸿跋、李群刻

钤印：蘧华制陶（壶底）；蘧华（盖内）；华（壶把）。

题识：柿柿如玉。明。王（壶身）。

唐云先生藏曼生式石铫提梁，吾今搏之。京华明明师赐墨于壶，乃成天趣。昌鸿记，一鸣刻（壶底）。

容积：540 ml

041 沈蘧华制半瓜壶

王明明书画《秋实图》、李昌鸿跋、李群刻

钤印：蘧华制陶（壶底）；蘧华（盖内）；华（壶把）。

题识：秋实。明明。王（壶身）。

吾取南博藏曼生铭半瓜款和何心舟半瓜式铸就吾之半瓜壶，蘧华埏埴，精意所萃；京华明明师赐墨，锦上添花。昌

鸿记，一鸣刻（壶底）。

容积：400 ml

042 沈蘧华制匏尊壶

钤印：蘧华制匋（壶底）；蘧华（盖内）；蘧（壶把）。

容积：270 ml

沈蘧华制合欢壶

李昌鸿跋、李群刻

钤印：蘧华匋艺（壶底）；蘧华（盖内）；蘧（壶把）。

题识：唐云先生藏曼生合盘，景舟师亦有此作，询有师承，我辈继之。昌鸿跋，一鸣刻（壶底）。

容积：450 ml

044 沈蘧华制竹节壶

钤印：蘧华制陶（壶底）；曼晞传人（壶内）；蘧华（盖内）；蘧（壶把）。
容积：500 ml

沈蘧华制小仿古壶

钤印：蘧华制匋（壶底）；蘧、华（盖内）；蘧（壶把）。

容积：180 ml

贺友直书画《奇壶爱不释》、李昌鸿跋、李群刻

钤印：蘧华制陶（壶底）；蘧华（盖内）；蘧（壶把）。

题识：奇壶爱不释。艺林堂嗜壶成癖，此蘧华名家所制，余一状之，友直并志。友（壶身）。

艺林堂珍藏品。昌鸿鉴，一鸣刻（壶底）。

容积：610 ml

047　沈蘧华制孔雀茶具

钤印：蘧华制陶（壶底）；蘧华（盖内）；蘧（壶把）；蘧华（杯底）；蘧（杯把）；蘧华（碟底）。

容积：520 ml（壶）；100 ml×2（杯）

沈蘧华制九件孔雀茶具

钤印：蘧华制陶（壶底）；蘧华（盖内）；蘧（壶把）；蘧华（杯底）；蘧（杯把）；蘧华（碟底）。

容积：620 ml（壶）；100 ml×4（杯）

295

　李昌鸿、沈蘧华合制雍容壶

李昌鸿书壶铭

钤印：昌鸿蘧华伉俪合璧（壶底）；蘧、华（盖内）；华（壶把）。

题识：举案齐眉佳话，砂壶镌铭传世。昌鸿题。以形取名"雍容华贵"，寓孟鸿梁光之意，供茶友壶侣赏阅，增天伦之乐趣（壶身）。

容积：320 ml

李昌鸿书壶铭

钤印：昌鸿蘧华伉俪合璧（壶底）；蘧、华（盖内）；华（壶把）。

题识：举案齐眉佳话，砂壶镌铭传世。昌鸿题于乙亥。以形取名"雍容华贵"，寓孟鸿梁光之意，供茶友壶侣赏阅，增天伦之乐趣（壶身）。

容积：450 ml

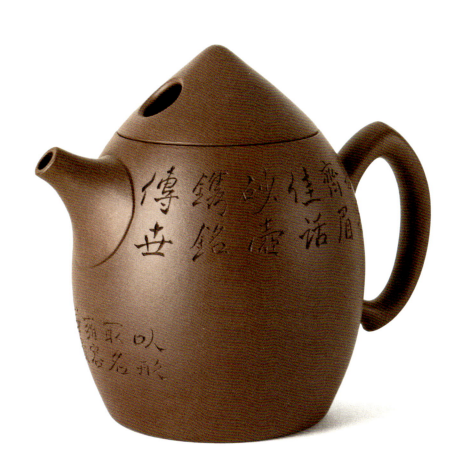

003　李昌鸿、沈蘧华合制橄榄壶

贺友直书画《阳羡茶香》、李群刻

钤印：昌鸿蘧华伉俪合璧（壶底）；昌、鸿、蘧华（盖内）；李、华（壶把）。

题识：阳羡茶香。昌鸿伉俪制壶，余写图饰之。丙子五月，友直。友直（壶身一）。

李群一鸣陶刻，时在丙子（壶身二）。

容积：715 ml

004

李昌鸿、沈蘧华合制环宝壶

王明明绘《陶潜闲居图》、李昌鸿跋、李群刻

钤印：昌鸿蘧华伉俪合璧（壶底）；蘧华（盖内）；李、蘧（壶把）。

题识：陶潜闲居图。明明画于京华。王、丁丑、明明（壶身）。

津艺博珍藏曼生环宝壶，今仿其形，刻其神，与明明师合作，更添曼翁韵。昌鸿跋于丁丑，一鸣镌（壶底）。

容积：800 ml

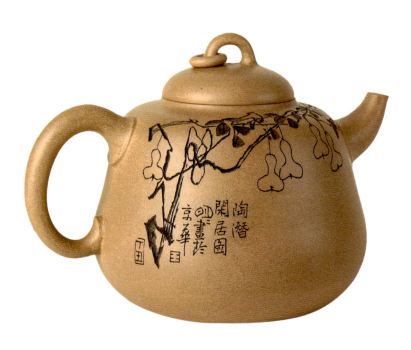

津筑博珍藏昜
生瓌寶壺令仿其
形刻
其神
與昭
師合作史濤曼翁
韵　　昌鴻跋于四五
一鳴鐫

李昌鸿、沈蘧华合制大提梁壶

程十发书画《山海乾坤》、沈觉初刻

钤印：昌鸿蘧华伉俪合璧、曼晞传人（壶底）；昌鸿、蘧华（盖内）；昌、鸿、蘧华（壶把）。

题识：丁丑夏日，昌鸿、蘧华制壶，十发书画，觉初铁笔。十发（壶身一）。

山海天地大，乾坤在玉壶。程十发书海上。十发、程（壶身二）。贵（壶底）。

容积：9400 ml

006 李昌鸿、沈蘧华合制环宝壶

李昌鸿跋、李群刻

钤印：昌鸿蘧华伉俪合璧（壶底）；蘧华（盖内）；李、蘧（壶把）。

题识：吾按津艺博藏曼生环宝为摹本，和蘧华搏埴，一气呵成。昌鸿记于丁丑，一鸣刻（壶底）。

容积：820 ml

李昌鸿跋、李群刻

题识：吾按津艺博藏曼生环宝为摹本，和蘧华搏埴，一气呵成。昌鸿记于丁丑，一鸣刻（壶底）。

311

李昌鸿、沈蘧华合制曼生提梁壶

贺友直书画《老虎灶》、李群刻

钤印：曼晞传人、昌鸿治陶、蘧华制陶（壶底）；昌鸿、蘧华（盖内）；昌鸿、蘧华（壶把）。

题识：老虎灶。老虎灶名称之由来不详，这一行业恐仅见于上海及其周边地区。这行当以供应开水、热水为主业，亦有临街摆上桌椅板凳卖茶。喝茶者多是社会底层人物，夏季兼设盆汤供人沐浴，此实是劳苦大众之好去处，惜今不见矣。星岛张美寅先生嘱画，友直初度八十，时在庚辰早春。友直（壶身）。

容积：6500 ml

王明明绘《七贤雅集》、鲍志强刻

钤印：昌鸿、蘧华、昌鸿蘧华伉俪合璧（壶底）；昌鸿、蘧华（盖内）；昌鸿、蘧华（壶把）。

题识：七贤雅集。岁在甲申，明明画于潜心斋。王（壶身一）。

阳羡醉陶斋乐人刻。乐人（壶身二）。

容积：9800 ml

009   李昌鸿、沈蘧华合制上新桥壶

钤印：昌鸿蘧华伉俪合璧（壶底）；昌、鸿、蘧华（盖内）；李、蘧（壶把）。

容积：450 ml

010　李昌鸿、沈蘧华合制钵盂提梁壶

钤印：昌鸿蘧华伉俪合璧（壶底）；曼晞传人（壶内）；蘧华（盖内）；蘧（壶把）。
容积：530 ml

亚明书画《煮茶图》

钤印：李铭之印（壶底）；徐萍（盖内）；李铭（壶把）。

题识：扬子江中水，蒙顶山上茶。癸酉夏月东山作，亚明（壶身一）。

癸酉夏月于近水山庄。亚明作（壶身二）。

容积：5300 ml

谢春彦书画《三娇品茗图》、李群刻

钤印：李群制匋（壶底）；李、群（盖内）；李（壶把）。

题识：三娇品茗图。艺林堂有明珠三颗，温婉可爱，阿彦状之。彦、艺林（壶身）；
曼生壶式，阿彦书画，李群一鸣镌刻于丙子（壶底）。

容积：650 ml

遙想公瑾當年小喬
初嫁了雄姿英發羽
扇綸巾談笑間檣櫓
灰飛煙滅故國神遊多
情應笑我早生華髮人
生如夢一尊還酹江月
昌鴻書於壬午白露

東坡先生大江東詞
大江東去浪淘盡千
古風流人物故壘西邊
人道是三國周郎赤壁
亂石穿空驚濤拍岸
捲起千堆雪江山如
畫一時多少豪桀

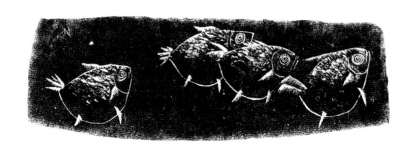

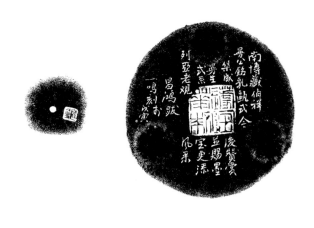

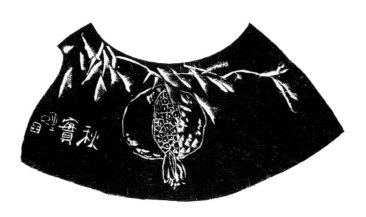

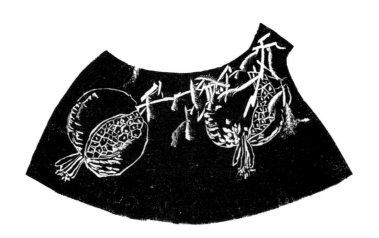

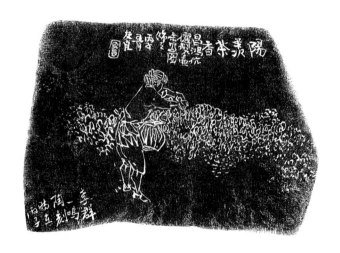

工作照

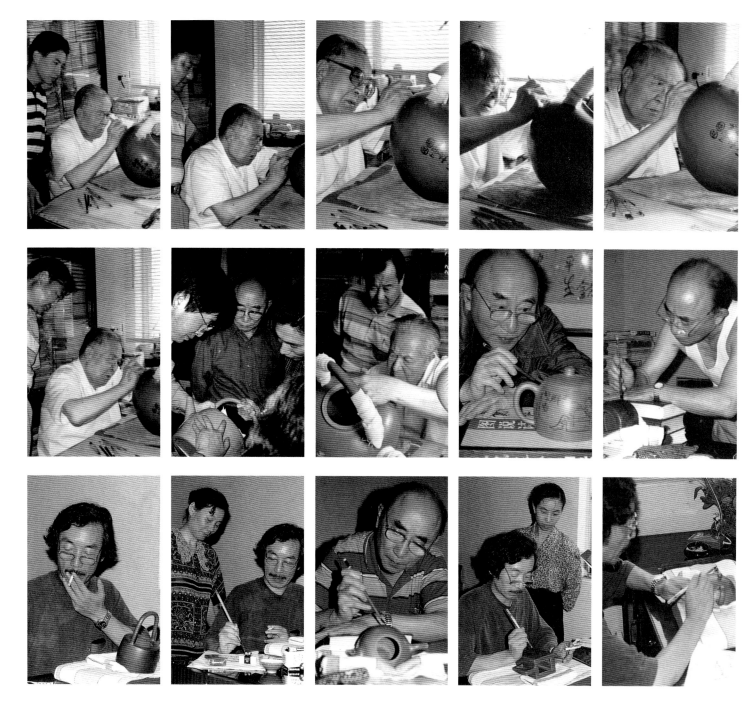

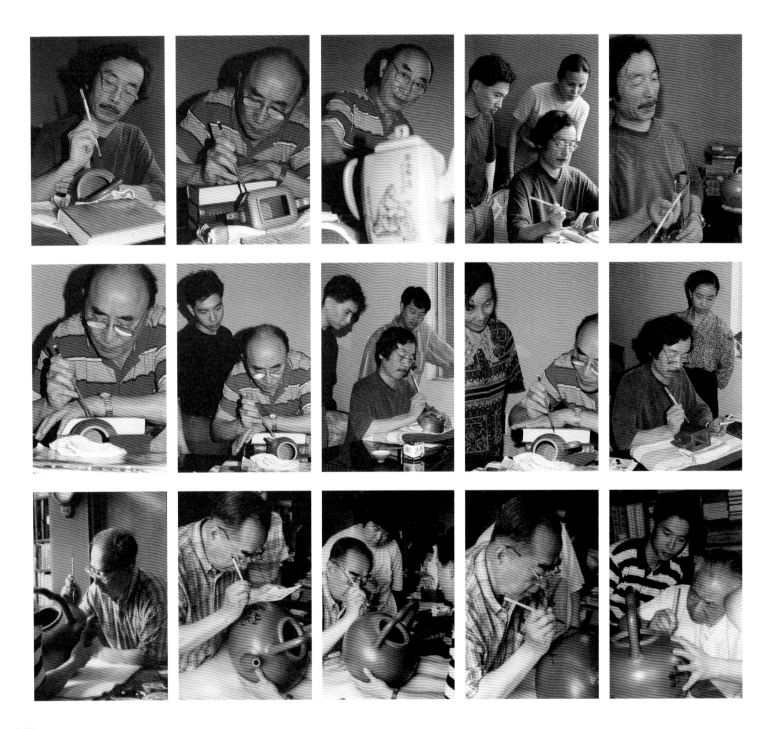

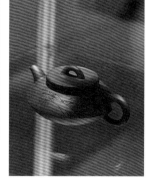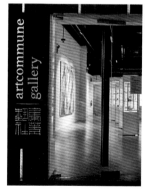
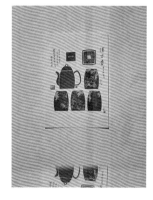

初稿

尊敬的张先生暨夫人、小姐们好：

宁小群的礼品，我们收到了，谢之张先生的爱心。先生课题 欲制"曼生十八式"这是一个很好的构思，有关情况我阐述赘言，与先生共宝。

查来曼生壶式不少于十八式，有人说三十八式，有人说一百式，还有一些说上二百几十式。总之，象文人陈曼生参与紫砂与艺人合作是事实，是对紫砂筑壶的一个发展一个飞跃，後人挑颂"十八式"这十八的敢象，我想是个吉利敢。人生十八表示成熟，武艺多练为十八般武器件之精通。国画之人物有十八描，胡苏音乐有十八拍，在物业少不了用十八式了，佛教更是挑颂十八，如十八罗汉。好了，反正十八是个祥和，我们是挑立第一个十八，此以後的十八续之而正合吧。

曼生壶有一个主要特色，如鸿春先生说"一壶寄三士"即制壶、书画、镌刻 "一壶四个章"即：制壶、书画、镌刻、藏家。这样的品位，为成品之三倍，当然这些仅是历史的写照和记述，是值得我们借鉴和参考的。为此我叫小群解读你刻之几颗印章  1.8cm正方 1cm正方 这样就珠联璧合了。印章愈早刻好寄来愈好，可趕上盖生作品上。已制好的才能得画家书法写在壶上了。

以下第一批的壶式录寄你。为了体现时代气息，不要照巴抄我们在微细处要有新意美缀，你说好鸣。言气及此 祝全家幸福康乐，兴旺。

李昌鸿 沈蘧华

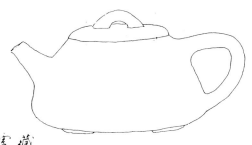

石 瓢
　　唐雲藏
壺身銘
　不肥而堅 是以永年
　　　曼公作瓢壺銘

周 盤
　上海博物院藏
壺肩銘
　吾愛吾鼎 疆食疆飲
　　　受生作乳鼎銘

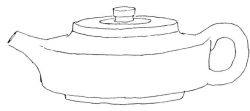

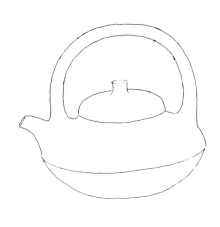

合歡提梁
　　唐雲藏
壺身銘
　盧橘微黃尚帶酸

方斗壺
　香港茶具文物館藏

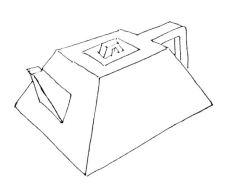

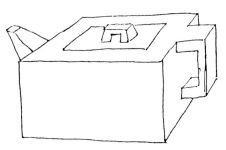

方 壺
　天津藝術博物館藏

漢方壺
　香港茶具
　文物館藏

仿古井闌壺
　　　南京博物院藏
此是南山石 將來作井闌
留傳千萬代 名結佛家緣
盡意修功德 庶無朽壞年
同沾勝者福 超於彌勒年

半瓜壺
　　　南京博物院藏
壺身銘
梅雪枝頭活火煎
山中人兮僊乎仙

合歡
　　唐雲藏

壺肩銘
試陽羨茶煮合江水
坡仙之徒皆大歡喜
　　　曼生銘

石瓢提梁
　　唐雲藏

壺身銘
煮白石 泛綠雲
一瓢細啜邀桐君
　　　曼銘

箬笠壺
　　唐雲藏
壺銘
笠蔭喝茶去渴是二
是一我佛無說

扁壺
　　唐雲藏
壺肩銘
有扁斯石砭我之渴
　　曼公作扁壺名

354

匏瓜壺
　　唐雲藏
壺　銘
　飲之吉匏瓜無匹
　　　　曼生銘

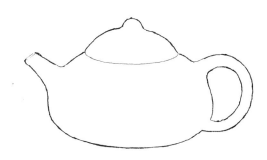

乳甌壺
　　南京博物院藏
壺　銘
此雲之腴飲之不癯
　　祥伯為曼公銘并書

秦權壺
　　南京博物院藏
壺　銘
載船春茗桃源賣
自有人家帶秤來

環寶壺
　　天津藝朮博物館藏
壺　銘
　為惠施為張蒼取滿
　腹無湖江　曼生銘

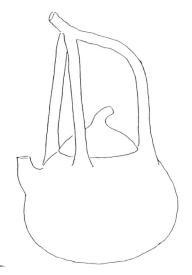

瓢提
　　上海博物館藏
壺身銘
　煮白石泛綠雲
　一瓢細酌邀桐君
　　　曼銘

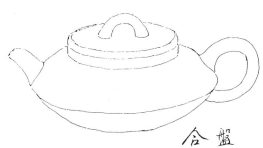

合盤
　　南京博物院藏
壺　銘
竹裡半爐火活
　曼生

王明明《溪山茶会图》

1995 年作

题识：溪山茶会图。美寅兄善其茶道，收藏名家壶甚丰。家中常高朋满座，谈书论画、品茶观壶，信可乐也。余用清代丈二匹为兄作此图补壁，欲与兄在名山大川中品茶会友，乃为人生之幸事也。岁在乙亥盛夏，明明时居京华潜心斋。

钤印：王明明印、寄情、清趣、诗情画意

尺寸：34.5×369 cm

杨仁恺《行书六言联》

1998 年作

释文：秦汉竹简创意，龚时壶艺扬新。为艺林堂藏李昌鸿、沈蘧华

紫砂壶艺题。岁次戊寅春月，八十三叟龢溪仁恺书。

钤印：杨氏仁恺、沐雨翁、沐雨草堂

尺寸：33.5×105.5 cm×2

顾景舟《楷书五言联》

1993 年作

释文：无事竹间坐，有客茶当酒。顾景舟年七十有九。

钤印：顾景舟印、阳羡溪头

尺寸：26.8×124.5 cm×2

制壶者简介

李昌鸿（1937—　）　男，中国工艺美术大师，中国陶瓷艺术大师，研究员级高级工艺美术师。著名紫砂大师顾景舟高足。上海工程技术大学艺术设计学院特聘兼职教授。江苏省收藏家协会艺术顾问。"宜兴昌华陶艺公司"董事长。多次荣获国际、国内金、银、一等奖。1984年由他设计、沈蘧华制作的《九头竹简茶具》获德国莱比锡国际博览会金质奖，2001年创作的《四方青玉》茶具获中国工艺美术精品博览会金奖，2002年《一衡茶具》(九件)获中国轻工联合会第四届中国工艺美术精品博览会金奖，2003年作品《瞧这一家子》获中国工艺美术协会金奖，2005年《福禄寿三星提梁》获中国轻工业联合会金奖，"中国工艺美术终身成就奖"得主。对紫砂文化研究和产业发展有突出贡献。

沈蘧华（1939—2024）　女，江苏省工艺美术大师，研究员级高级工艺美术师，中国工艺美术学会会员，江苏省陶瓷艺术委员会名誉委员。宜兴昌华陶艺有限公司总工艺师。师从顾景舟大师，于1979—1982年连续被中华全国妇联评为"全国三八红旗手"光荣称号，1989年获"高级工艺美术师"称号，1999年获"江苏省工艺美术名人"称号，2007年获"江苏省工艺美术大师"称号。其作品《九头竹简茶具》与李昌鸿合作，荣获德国莱比锡国际博览会金质奖，作品《狮象王鼎》被选定在中南海紫光阁陈设。作品《孔雀茶具》《提梁圆壶》《思源壶》《上新桥壶》等在国内外展评中屡获大奖并被多家单位收藏。

李群（1966—　）　男，字鸣德，号一鸣，李昌鸿、沈蘧华之子。紫砂顾脉李门传承人，陶刻师从徐秀棠。博士、研究员级高级工艺美术师，正高级乡村振兴技艺师，江苏省工艺美术大师，2003年"上海轻工工匠"，无锡市非物质文化遗产传承人，中国民主建国会会员，宜兴市政协委员，中国工艺美术学会会员。美国英特尔大学客座教授、上海工程技术大学兼职教授、江南大学客座教授、江苏经贸职业技术学院客座教授、南京视觉职业学院设计系兼职教授。2019年被评为"宜兴市文联先进工作者"、2020年被评为"宜兴市百佳科技之星""无锡市百名科技之星"。

顾脉李门——紫韵昌华（代跋）

世界文明起于狩猎而精于农耕，人类生存，全赖"皇天后土"的给予。先民抟土造器，制瓯作甄，自陶至瓷，绵延千载。唐宋以来，名窑名瓷辈出，陶器不及"饶玉"受人青睐，继而瓷器盛而陶器衰。至宋代，阳羡紫砂渐成规模，异军突起在有明之时，其制器以茶具为宗，成品非炻非瓷，独具一格。又经明清数代匠人沉浸陶淬，瓣香诗雅，亲近文脉，遂从实用泥器跻升案头清玩，实远蹑制陶传统，扬百代之光。

紫砂器具声名鹊起，盖因技艺之精能。而艺品高下，全在于人。近世紫砂巨匠首推顾景舟大师，而顾氏已后，余音渺渺，绕梁之响，在李昌鸿、沈蘧华伉俪。二位同为顾氏初代门人，恪守师训，谨承衣钵，孤心攻陶，为当今翘楚。

能工之作，重在工艺，工艺臻极，创制出新。九十年代是紫砂黄金期，李昌鸿、沈蘧华两位大师共同创制了"百福百寿狮象玉鼎"：以狮为足、以象为纽、身如珠玉、镂刻祥云，寓意"诸事如意，万象更新"。此"鼎"周身刻满百"福"字与百"寿"字，寓意国家昌盛、子孙绵延，既是时代颂歌，亦是艺术精品。又如"雍容华贵壶"，灵感源自传统器型，高壶潇洒华贵，矮壶雍容丰腴，壶形有如才子佳人，匠心独运。至如"铜镜茶具"，壶盖如镜，上有"吉祥四灵"，华美无比。"镜"乃"鉴"也，鉴史以知兴替，鉴身以明得失，帝王之言，哲理深邃。

壶艺师与书画家合作是紫砂壶文人化的重要方式，新加坡张美寅先生爱壶藏壶，亦深谙此理。在他的提议与策划下，李昌鸿、沈蘧华两位大师被邀请与程十发、贺有直、王明明等著名画家联袂制壶，以"曼生系列"为规仿对象。前期先对传世曼生壶进行搜集、辨别，而后设计新样，分工制作。李昌鸿大师擅制方壶，他所创制的作品如："砖方壶""矮四方壶""青玉四方壶""秤砣方壶"等，既循古理，又有新意。方壶工艺复杂，难在典雅；圆壶器形柔和，难在气势。而制圆壶是沈蘧华大师的专长。她的作品，细部、结构衔接干净，刻画清晰自然。无论"钟德""箬笠"，还是"半瓜""合盘"，都与古制相合，朴茂古雅。

画家们需要在做好的壶坯上进行创作，然坯体脆弱，不易修改，须得提前斟酌，谨慎落墨。至于画作的最终呈现，需得陶刻师"以刀代笔"将其还原。本书所录紫砂壶，大都由我镌刻完成。每一壶成，便送往上海博物馆谢海元老师处制作拓片，再把拓片转至各位画家手中亲自题跋，如是种种，倾注颇多。

　　在所有与画家联袂的作品中，有三件大提梁壶最为夺目：第一件是由程十发先生书画、沈觉初先生镌刻的"宋款提梁壶"。那是 1997 年夏天，此壶制成，我在美寅先生朋友的陪同下，带着壶坯，从宜兴到上海程十发先生家中请他作画。而后又带着画好的壶坯，送往沈觉初先生家镌刻。沈老当时正在病中，加之刻壶不易，用了几天的时间才将其完成。在壶接回宜兴后，经过三天紧张的烧制，窑炉开启，壶身完好，这件承载着大家心血和希望的作品才正式问世。第二件是 2000 年由贺友直先生作画并长题的"曼生提梁壶"。这把壶由段泥烧制，通体呈淡黄色，壶上所绘《老虎灶》一图，将上世纪三十年代的老上海街景生机盎然地展现出来。贺老是著名的连环画家、线描大师，笔下的人物群像线条简洁，精彩纷呈。配以壶身段泥的颜色，有如一幅绘于古纸上的画卷，别有生趣。此壶在绘制之前，小是我与家人带去上海的。记得当年贺友直先生说："宣纸上墨可分五彩，但在壶上只剩下线条粗细，急得人出汗，不得不脱下外套作画。"从他的幽默言语中，便可体会画壶之难。此壶画成，便交由我镌刻，为此，我仔细斟酌多日，最终一气呵成将其完成。在烧制成功后，贺老很高兴，对我说了很多表扬和鼓励的话。第三件是形制独特的瓜提壶，又叫瓢提壶，是与王明明先生合作。此壶与存世的清代曼生铭彭年制瓢提壶相似，是一件成功的仿古作品。但由于尺寸更大，在具体制作中融入了李昌鸿、沈蘧华两位大师的匠心设计，使其比例得宜，大而不失灵巧。壶身所绘"竹林七贤"闲逸清雅，由王明明先生 2004 年执笔绘制，中国工艺美术大师鲍志强先生镌刻完成。大气如宋款提梁壶、朴质如曼生提梁壶、闲逸如瓜提壶，无不是壶与画交相辉映。以上三件，超越了紫砂壶的一般功用，是名副其实的紫砂艺术品。

　　书画家介入制壶古已有之，清代陈鸿寿与杨彭年的合作便是典范：曼生刻写，彭年制壶，固有"曼生十八式"。顾景舟先生在《宜兴紫砂珍赏》一书中曾说，杨彭年的技巧功力并不出众，但因与陈曼生情谊深厚，才结此艺缘。曼生壶得以扬名，更多是倚靠陈鸿寿的书法与镌刻，所谓"壶随字贵，字因壶传"。而今，李昌鸿、沈蘧华两位大师与画家们的合作，确实画妙壶精、并称双绝，实是不让古人的一段佳话。"顾脉李门"是我们李氏家族对自己的称号，代表着对师训的恪守，风骨的传承，更是对技艺标准的严格要求。

　　本书所收录的紫砂作品，包含了李昌鸿和沈蘧华两位大师在不同阶段的代表作，另有应张美寅先生之邀特别创制的诸多佳构。这些作品的创作时间贯穿了整个九十年代，其形式丰富、工艺精妙，又有名家联袂。是李、沈两位大师艺术风貌最为全面的代表，也是紫砂陶艺界无可复制的创作历程。

　　器物类藏品赏用兼优、可玩可藏，紫砂壶是其中不容忽视的一大种类。宋欧阳修在《和梅公仪尝茶诗》中有"喜共紫瓯吟且酌，羡君潇洒有余清"，苏东坡《提壶》诗，亦有所谓"松风竹炉，提壶相呼"，都表达了高雅之士对紫砂壶具的喜爱。古代紫砂壶存世稀有，明代名手制壶都已成云中之龙，清代咸道之后，亦是一壶难求。改革开放后的几十年是紫砂壶发展的另一高峰，可谓佳作频出。因此，庋藏时代精品，是有识之士的智慧选择。如今，这种集诗、书、画、雕刻等艺术于一体的紫砂陶器，更加贴近我们的时代和生活。

李群

后记

　　我的先生张美寅 1950 年生于福建泉州，幼年随家人移居南洋，1977 年在新加坡创立艺林贸易有限公司。后期，随着公司不断发展，事业稳定，先生便把更多精力放在自己的爱好上，成立艺林国际，在集邮、摄影、艺术品收藏方面多有成就。

　　在所藏艺术品类中，先生尤其喜爱宜兴紫砂壶，而在众多紫砂陶艺家中，唯李昌鸿、沈蘧华两位老师的作品得其青睐。他们夫妇是顾景舟先生的初代弟子，1993 年与先生初识于宜兴紫砂工艺厂，是当时颇有实力的工艺美术大师。同年 10 月，李昌鸿夫妇创立"宜兴鸿成陶艺有限公司"，致力于把紫砂陶艺推向海外，先生便与两位老师有了更多联络。

　　紫砂壶格调高雅，形制多样，以"曼生十八式"最受推崇，先生也对其尤为倾心。久之，便有了创制"新式"曼生壶的想法。而在当时，李昌鸿、沈蘧华两位老师也在进行这项探索：一方面努力改良样式、推陈出新，另一方面延续陈曼生的方法，与书画家联袂制壶。这正与先生的想法不谋而合。带着这个愿景，先生便邀请李昌鸿、沈蘧华两位老师与贺友直、王明明、程十发、亚明等著名画家座谈商定：由李、沈两位老师负责寻壶、绘图、制壶；再由书画家根据壶形设计、画壶；最终，由鲍志强、沈觉初、李群等名家雕刻，上海博物馆谢海元老师制作拓片。整个过程颇费周折，行迹遍布南北，时间长达十余年，完成作品百余件。名工名士，堪称双绝。

　　这批紫砂壶诞生于李昌鸿、沈蘧华老师最为纯熟的艺术阶段，记录了书画家与陶艺家合作的独特经历，承载着先生多年以来的收藏宏愿，是特殊时间下，艺术家、收藏家跨界交流与美好情谊的见证。其规模之大、工艺之精，世间罕有、再难复制。可以说，这批紫砂壶是先生收藏历程中非常重要的成就，如今将其整理出版，既是对先生紫砂壶收藏的一次总结，也为曼生壶的继承与发展开辟了新的篇章。

　　这本书得以付梓，得益于各界朋友的大力支持。在这里，特别感谢祝君波先生；感谢李昌鸿、沈蘧华两位老师；感谢王明明先生、谢春彦先生；感谢李群、褚婷圆、李千蕙老师。

　　感谢贺友直先生、程十发先生、亚明先生曾经的付出。

　　感谢上海书画出版社、北京墨山堂文化有限责任公司。

柳秀宝

图书在版编目（ＣＩＰ）数据

美寅藏壶 / 墨山堂编著 . -- 上海：上海书画出版社，2024.3
ISBN 978-7-5479-3320-6

Ⅰ.①美… Ⅱ.①墨… Ⅲ.①紫砂陶—陶瓷茶具—收藏—中国 Ⅳ.① G262.4

中国国家版本馆 CIP 数据核字 (2024) 第 054928 号

——

文字统筹　李盈豫
书籍设计　陈　楠
排版制作　施家欣
数码摄影　宋超凡
艺术顾问　李　群

美寅藏壶

墨山堂　编著

责任编辑　孙　晖　袁　媛
审　　读　雍　琦
责任校对　田程雨
技术编辑　顾　杰

出版发行　上 海 世 纪 出 版 集 团
　　　　　上海书画出版社
地址　上海市闵行区号景路159弄A座4楼　201101
网址　www.shshuhua.com
E-mail　shuhua@shshuhua.com
印刷　上海雅昌艺术印刷有限公司
经销　各地新华书店
开本　635×965　1/8
印张　49
版次　2024年4月第1版　2024年4月第1次印刷
书号　ISBN 978-7-5479-3320-6
定价　480.00元

若有印刷、装订质量问题，请与承印厂联系